BEI GRIN MACHT SICH IHR WISSEN BEZAHLT

- Wir veröffentlichen Ihre Hausarbeit, Bachelor- und Masterarbeit

- Ihr eigenes eBook und Buch - weltweit in allen wichtigen Shops

- Verdienen Sie an jedem Verkauf

Jetzt bei www.GRIN.com hochladen und kostenlos publizieren

Tod und Trauer im Roman "Sag mir, was du siehst" von Zoran Drvenkar

Einordnung in den Kontext des Genres der Kinder- und Jugendliteratur

Eike Behrens

Bibliografische Information der Deutschen Nationalbibliothek:

Die Deutsche Nationalbibliothek verzeichnet diese Publikation in der Deutschen Nationalbibliografie; detaillierte bibliografische Daten sind im Internet über http://dnb.d-nb.de abrufbar.

ISBN: 9783346406774
Dieses Buch ist auch als E-Book erhältlich.

© GRIN Publishing GmbH
Nymphenburger Straße 86
80636 München

Druck und Bindung: Books on Demand GmbH, Norderstedt Germany
Gedruckt auf säurefreiem Papier aus verantwortungsvollen Quellen

Das vorliegende Werk wurde sorgfältig erarbeitet. Dennoch übernehmen Autoren und Verlag für die Richtigkeit von Angaben, Hinweisen, Links und Ratschlägen sowie eventuelle Druckfehler keine Haftung.

Das Buch bei GRIN: https://www.grin.com/document/1012276

1   Bibliographie

Thema: Die Darstellung des Umgangs mit Trauer in Zoran Drvenkars „Sag mir, was du siehst"

Primärliteratur

- Drvenkar, Zoran: Sag mir, was du siehst. Hamburg: Carlsen 2002.

Sekundärliteratur

- Duhr, Katharina: Tod und Sterben in der modernen Kinder- und Jugendliteratur. Herzogen-rath: Murken-Altrogge, 2010.
- Hedayati-Aliabadi, Minu/Strehlow, Sarah Kristina: „Ich bleibe hier und warte auf den Eisprin-zen". Annäherung an das Thema Tod in K. A. Nuzums Roman Hundewinter. In: interjuli – Zeitschrift für Kinder- und Jugendliteraturforschung. Ausgabe 01/2013: Alter und Tod. S. 35 – 50.
- Herzog, Markwart: Leben nach dem Tod? Anmerkungen zu einer offenen Frage in den Harry Potter-Romanen. In: Kinder- und Jugendliteraturforschung 2009/2010. Hrsg. von Bernd Dolle-Weinkauff und Carola Pohlmann. Frankfurt am Main: Peter Lang 2011. S. 83 – 92.
- Loidl, Sonja: Der Tod ist nicht genug. Zur Inszenierung gewaltsamen Sterbens in den konflikt-reichen Settings dystopischer Jugendliteratur. In: interjuli – Zeitschrift für Kinder- und Ju-gendliteraturforschung. Ausgabe 01/2013: Alter und Tod. S. 6 – 20.
- Southon, Sabrina: Sag mir, was du siehst und die englischsprachige Übersetzung Tell Me What You See. In: Zoran Drvenkar. Bielefelder Poet in Residence 2012. Hrsg. von Petra Jo-sting. München: kopaed 2013. S. 109 – 130.
- Strübe, Thorsten: Zoran Drvenkar – Einblicke in sein Werk. In: Zoran Drvenkar. Bielefelder Poet in Residence 2012. Hrsg. von Petra Josting. München: kopaed 2013. S. 15-30.
- Znoj, Hansjörg: Trauer und Trauerbewältigung. Psychologische Konzepte im Wandel. Stutt-gart: Kohlhammer 2012.

Internetquellen

- Gall, Insa: Was kommt nach dem Tod?. Die 100 Fragen des Lebens. https://www.abend-blatt.de/podcast/100_Fragen/article214268281/Was-kommt-nach-dem-Tod.html. (Veröf-fentlicht: 12.05.18; Zugriff: 09.05.2020).
- Gierke, Alina: Der Tod. http://www.kinderundjugendmedien.de/index.php/stoffe-und-mo-tive/358-tod (Veröffentlicht: 15.07.2012; Zugriff: 09.05.2020).
- Spreckelsen, Tilman: Im Reich zwischen Leben und Tod. https://www.faz.net/aktuell/feuille-ton/buecher/themen/jugendliteratur-vom-tod-vom-leben-und-vom-moment-dazwischen-16278253.html?printPagedArticle=true#pageIndex_2 (Aktualisiert: 13.07.2019; Zugriff: 09.05.2020).

2 Exzerpt

Fragestellung:

Die Fragestellung zum Thema dieses Portfolios, welches in der in Kapitel 4. verfassten Textanalyse behandelt wird, lautet: Inwieweit reiht sich Zoran Drvenkars Roman „Sag mir, was du siehst" in Hinblick auf die erzählerische Darstellung von Tod, Trauer und Trauerbewältigung in den Kontext zeitgenössischer Kinder- und Jugendliteratur ein?

In Form dieses Exzerpts wird Markwart Herzogs Artikel „Leben nach dem Tod? Anmerkungen zu einer offenen Frage in den Harry Potter-Romanen" unter der Fragestellung untersucht, wie die Themen Tod, Jenseits und Postmortalität in den Harry-Potter-Büchern als vielleicht populärste Beispiele zeitgenössischer Kinder- und Jugendliteratur behandelt werden. Die exzerpierten Aspekte werden durch mich kommentiert, stets mit Querverweis zu Drvenkars Roman „Sag mir, was du siehst". Exerpierdatum: 10.05.2020.

Bibliographische Angabe:

Herzog, Markwart: Leben nach dem Tod? Anmerkungen zu einer offenen Frage in den Harry Potter-Romanen. In: Kinder- und Jugendliteraturforschung 2009/2010. Hrsg. von Bernd Dolle-Weinkauff und Carola Pohlmann. Frankfurt am Main: Peter Lang 2011. S. 83 – 92.

Link:

https://www-peterlang-com.proxy02a.bis.uni-oldenburg.de/view/title/13332 (über ORBIS Plus)

Hauptaussage des Textes:

Herzog untersucht Todeskonzeptionen in J. K. Rowlings Harry-Potter-Romanen unter der Fragestellung, ob es dort Antworten darauf gibt, inwiefern es ein Leben nach dem Tod gibt. Dabei wird insbesondere auf die Suche des Protagonisten Harry nach Antworten bezüglich der Konsequenz des Todes und postmortalen Existenzformen eingegangen. Herzog kommt u.a. zu dem Schluss, dass der Tod ein zentrales Leitmotiv in der Harry-Potter-Reihe ist, Rowling die Fragestellung nach einem Leben nach dem Tod schlussendlich aber offenlässt.

Seite	Schlagwort	Zitat oder sinngemäßes Zitat	Kommtentar/Notiz/Literatur- hinw.
83	Intraversion	„Harry seinerseits sieht sich mit jahre- langer Trauerarbeit konfrontiert. Er ist kein jugendlicher Strahlemann und draufgängerischer Held, sondern stark von Selbstzweifeln angefressen."	Auch Alissa bei Drvenkar ent- spricht eher dem introvertierten Typus, der sich kaum jemandem in seiner Trauer und Orientie- rungslosigkeit anvertraut.
84	Tod als zentrales Leitmotiv	Herzog konstatiert den Tod als ein zentrales Leitmotiv in den Harry-Pot- ter-Romanen.	Dies trifft auch auf Drvenkars Ro- man zu.
85	Todeskon- zeptionen	Herzog attestiert Rowling, sie be- schränke sich nicht bloß auf eine me- dizinisch-naturwissenschaftliche De- termination von Leben und Tod, son- dern verarbeite „anspruchsvolle To- desre-zeptionen und Todesvorstellun- gen in der Dramaturgie ihrer Ro- mane".	Auch Drvenkar setzt sich mit ei- ner Todeskonzeption abseits der naturwissenschaftlichen Ratio auseinander, so konstruiert er eine Art Parallelwelt, die Alissas Vorstellung vom Jenseits formt (vgl. Drvenkar 2002, S. 217 – 237).
86	Versöhnli- che Einstel- lung gegen- über dem Tod	„‚Schließlich ist der Tod für den gut vorbereiteten Geist nur das nächste große Abenteuer' (I, 323; vgl. I, 327), lässt die Autorin Albus Dumbledore, den Schulleiter des Hogwarts Inter- nats, feststellen."	Alissa durchläuft bei Drvenkar ei- nen Prozess, an dessen Ende sie lernt, dem Sterben und dem Ver- lust ihrer besten Freundin ohne Angst zu begegnen: „Ich will nicht, dass du Angst hast, Alissa. Du weißt, sobald du mich rufst, bin ich in deiner Nähe." (Drven- kar 2002, S. 269)
87	Verbindung zwischen „Dies- und Jenseits"	Herzog stellt Harrys Frage in den ers- ten Schuljahren fest, „ob seine Eltern wirklich tot, also vollständig annihiliert sind oder ob die Persönlichkeit eines Verstorbenen nicht doch in irgendei- ner Form nach dem Sterben einerseits weiter besteht und andererseits mit den Überlebenden kommunizieren kann". Geleitet von seinen Sehnsüch- ten, seien ihm Erscheinungen seiner Eltern widerfahren, die ihn zweifeln lassen, ob er einen Zugang zu seinen toten Eltern hat oder nicht.	Alissa erliegt dem Glauben, zu ei- nem Engel werden zu können, als ein Verbindungsglied zwi- schen Diesseits und Jeseits, was ihr im späten Handlungsverlauf in einem inneren Monolog be- wusst wird: „Du hast geträumt, einer von ihnen zu werden. […] Denn vielleicht durfte man als Engel all die Toten aufsuchen. Dann könntest du deinen Vater überraschen, so vieles wäre möglich. Einfach alles." (Drven- kar 2002, S. 233)
87	Totener- scheinun- gen als Aus- druck von Sehnsüch- ten	„Dumbledore gibt zu bedenken, dass die Totenerscheinungen, von denen Harry berichtet, ‚weder Wissen noch Wahrheit' (I, 233) verbürgen, dass sie – von unseren innigsten Wünschen und tiefsten Sehnsüchten angetrieben und gesteuert – nur in unserem	Drvenkar überlässt diese Er- kenntnis dem Leser, indem er le- diglich Hinweise darauf gibt, dass Alissas Wahrnehmungen teils bloß ihren innigsten Sehn- süchten entspringen. Z.B. ver- wandelt sich ihre beste Freundin

		Denken und unseren Erinnerungen existierten (III, 440f.)."	nach ihrem Unfalltot für Alissa in eine Art Lichtgestalt. (vgl. Drvenkar 2002, S. 264 – 270)
88	Einfluss der Toten auf die reale Welt	„Rowling lässt, das ist offenkundig, Verstorbene in verschiedener Form und Gestalt wieder auferstehen, lässt sie Kontakt mit den Lebenden aufnehmen und in den Gang der Romanhandlung eingreifen."	Auch bei Drvenkar nehmen Elias und Aren, die sich später als eine Art Engel entpuppen, Einfluss auf die Geschehnisse in der realen Welt, so zumindest in der Wahrnehmung von Alissa.
88	Postmortalität	„In Rowlings Romanen geben die Geister von Verstorbenen sogar detaillierte Auskunft über das, was nach dem biologischen Ableben möglich ist [...]: Keine normalen, magisch unbegabten Menschen („Muggel"), sondern nur Zauberer könnten als Geister wiederkehren: als ‚schwächliches Nachbild des Lebens'"	Anders als bei Rowling gibt es bei Drvenkar keine Hinweise darauf, dass Tote als eine solches „schwächliches Nachbild das Lebens" wiederkehren. „Wir *sind* einfach, mehr werde ich dir nicht sagen, denn mehr musst du nicht wissen." (Drenkar 2002, S. 231)
89 f.	Intramentaler Subjektivismus	Herzog sagt, in den Potter-Romanen werden Interpretationen geliefert, wie Todeserscheinungen zu verstehen seien, nämlich im Sinne eines rein intramentalen Subjektivismus. Der Tote sei, wie durch einzelne Charaktere erläutert, ein Teil der Seelenwelt des Trauernden selbst und nur für ihn selbst sichtbar.	Diese Erklärung trifft auch auf die Erscheinungen zu, die Alissa in Drvenkars Roman sieht und die für niemanden sonst sichtbar sind.
91	Antwort auf die Frage „Leben nach dem Tod?"	Die hier aufgeworfene Frage „Leben nach dem Tod?" bleibt in Rowlings Harry Potter letztlich unbeantwortet.	Drvenkar gibt auf diese Frage die Antwort, dass ein Jenseits als eine Parallelwelt neben der unseren existiert, in der die Toten auf die Lebenden achtgeben.

3 Kurzexposé

Der Roman „Sag mir, was du siehst" des zeitgenössischen Schriftstellers Zoran Drvenkar wird gemeinhin der Kinder- und Jugendliteratur zugeordnet. Er erzählt von Alissa, der jungen jugendlichen Hauptperson, die in Berlin lebt und einige Jahre zuvor im Alter von neun Jahren hat mitansehen müssen, wie ihr Vater bei einem Verkehrsunfall ums Leben kam.

In meiner Arbeit möchte ich die Darstellung von Trauer, Trauerbewältigung, Tod, Sterben und Jenseitsvorstellungen der Hauptfigur Alissa untersuchen. Dabei möchte ich die Art und Weise, mit der Drvenkar diese Thematik sprachlich bzw. erzählerisch inszeniert, untersuchen und gleichzeitig Erkenntnisse aus der psychologischen Wissenschaft in Hinblick auf Trauer hinzuziehen. Für letzteres beziehe ich mich auf das Fachbuch „Trauer und Trauerbewältigung. Psychologische Konzepte im Wandel. Stuttgart" (Kohlhammer 2012) des Psychologen Hansjörg Znoj.

Zudem möchte ich auf Grundlage von Carsten Gansels Buch „Moderne Kinder- und Jugendliteratur. Vorschläge für einen konzeptionieren Unterricht" (Cornelsen 2010) eine kurze literarische Einordnung in das Genre vornehmen.

Außerdem möchte ich prüfen, Inwieweit sich der Roman „Sag mir, was du siehst" in Hinblick auf die erzählerische Darstellung von Tod, Trauer und Trauerbewältigung in den Kontext zeitgenössischer Kinder- und Jugendliteratur einreiht. Hierfür werde ich wissenschaftliche Texte zurate ziehen, die andere Kinder- und Jugendliteratur mit ähnlichem Themenschwerpunkt untersuchen, um einen anschließenden Vergleich ziehen zu können.

Carl von Ossietzky Universität Oldenburg

Fakultät III, Institut für Germanistik

Seminar „Einführung in die Erzähltheorie am Beispiel ausgewählter Werke Zoran Drvenkars"

WiSe 2019/20

Untersuchung der Darstellung von Tod und Trauer in Zoran Drvenkars Roman „Sag mir, was du siehst" und Einordung des Werks hinblicklich dieser Thematik in den literarischen Kontext seines Genres

von Eike Behrens

Studienfach: Zwei-Fächer-Bachelor Germanistik/Geschichte, 2. Fachsemester

Inhaltsverzeichnis

4 Textanalyse

4.1 Einleitung und Hinleitung zum Thema

Der Tod und der Verlust geliebter Menschen ist ein Thema, mit dem sich oft auch schon Kinder und Jugendliche konfrontiert sehen. Nicht selten erfolgt der Tod unverhofft, tragisch und überaus schmerzvoll für die trauernden Verbliebenen. Insbesondere für Kinder bedeutet der Verlust einer nahestehenden Person oder gar der Eltern eine einschneidende Zäsur im noch jungen Leben. Hinzukommt, dass sehr junge Menschen, die womöglich zum ersten Mal das Sterben im eigenen Umfeld erfahren, noch kein – individuell für sich plausibles und versöhnliches – Konzept vom Tod und vom Jenseits haben.

In der zeitgenössischen Kinder- und Jugendliteratur ist die Thematik von Tod, Trauer und Postmortalität ein weitverbreitetes Phänomen (man nehme nur einige der populärsten Erscheinungen der letzten Jahre wie „Harry Potter" oder „Die Tribute von Panem").

Aufgrund dieser Aktualität behandelt die folgende Textanalyse thematisch die Darstellung des Umgangs mit Trauer in Zoran Drvenkars Jugendbuch „Sag mir, was du siehst" als ein Beispiel für einen sehr emotionalen Roman, der, anders als in den beispielhaft zuvor aufgeführten Bestsellern, das Leben einer augenscheinlich völlig normalen sechzehnjährigen Schülerin in Berlin herausgreift. Dabei möchte ich der Frage auf den Grund gehen, inwieweit sich Zoran Drvenkars Roman in Hinblick auf die Darstellung von Tod, Trauer und Trauerbewältigung in den Kontext zeitgenössischer Kinder- und Jugendliteratur einreiht, wobei ich einerseits die inszenierten Todeskonzeptionen, die Art der Trauerbewältigung der jugendlichen Protagonistin und die erzählerischen Mittel, die Drvenkar zur Darstellung dessen anwendet, näher untersuchen.

4.2 Inhaltsangabe von „Sag mir, was du siehst"

Der Roman „Sag mir, was du siehst" von Zoran Drvenkar (*1967), der erstmals 2002 im Carlsen-Verlag erschien und die Fortsetzung des Kinderbuchs „Der Winter der Kinder oder Alissas Traum" (Oetinger 2000) darstellt, handelt von der sechzehnjährigen Alissa, die seit dem frühen Unfalltot ihres Vaters vor fast sieben Jahren gemeinsam mit ihrer Mutter, ihrem Stiefvater und ihrem Halbbruder in Berlin lebt. Mindestens zweimal im Jahr besucht sie das Grab ihres verstorbenen Vaters auf dem nahgelegenen Friedhof: Einerseits an dessen Todestag, andererseits an Heiligabend.

Die Geschichte beginnt am bitterkalten Heiligabend, der, ganz anders als in den Vorjahren, von einem heftigen Schneesturm begleitet wird. Trotz dessen macht sich Alissa in Begleitung ihrer besten Freundin Evelin auf den Weg zum Friedhof, wo die beiden aufgrund des schlechten Wetters und der Dunkelheit das Grab des Vaters zunächst nicht finden können. Stattdessen stürzt Alissa durch den Schnee in eine Gruft, wo sie den Sarg eines Kindes entdeckt, aus dem eine mysteriöse Pflanze emporwächst und allem Anschein nach feine Wurzeln im Herzen des toten Kindes geschlagen hat. Wie durch eine fremde Macht geleitet, nimmt Alissa sie an sich und schluckt sie – später gerettet und wieder daheim – sogar herunter. In der Nacht wird sie im Traum von zwei unbekannten Männern namens Elia und Aren in ihrem Schlafzimmer besucht, die scheinbar nach jener Pflanze suchen, Alissa sich zu diesem Zeitpunkt allerding nicht an deren Verbleib erinnert.

Am folgenden Tag trifft sie ihren Freund Simon, den sie nach dessen Beichte eines Seitensprungs verlässt. Simon scheint daraufhin den Verstand zu verlieren und stellt Alissa nach. In der Nacht trifft er unter Drogeneinfluss auf sie und zwingt ihr einen Kuss auf.

In der folgenden Handlung lässt Simon Alissa und Evelin nicht mehr in Ruh, wie besessen stellt er seiner angebeteten Exfreundin nach, ohne Rücksicht auf die eigene Gesundheit oder anderen mögliche Konsequenzen. Alissa zieht sich immer mehr zurück, hat Albträume, heftige Magenschmerzen, Fieber und sieht im Alltag Personen wie Elia und Aren, die außer ihr selbst niemand sehen kann. Evelin versucht derweil zu ergründen, was auf einmal mit ihrer besten Freundin los ist. Am Ende der Geschichte begibt sich Alissa auf die Suche nach den nur ihr in Erscheinung tretenden Personen, die für ihre Mitmenschen als Raben sichtbar werden. Evelin versteht die Situation nicht, hält aber uneingeschränkt zu ihrer Freundin. Während Alissa Zutritt zu der Parallelwelt von Elia und Aren findet, wird sie weiterhin von Simon verfolgt, der Evelin und Alissa schließlich aufspürt. Auf ihrer Flucht vor Simon, der die beiden im gestohlenen Auto des Vaters durch einen Wald verfolgt, kommt es zu einem tragischen Unfall, in dessen Folge Simon und Evelin ums Leben kommen.

Der Roman endet damit, dass Evelin Alissa an ihrem Bett erscheint, sich von ihr verabschiedet und ihr Mut zuspricht und sich schließlich selbst in einen Raben verwandelt.

4.3   Einordnung ins literarische Genre

„Sag mir, was du siehst" lässt sich am ehesten als Adoleszenzroman einordnen. Dies lässt sich nicht bloß mit dem jugendlichen Alter der zentralen Protagonisten von sechzehn bzw. siebzehn Jahren begründen, sondern auch mit den behandelten Thematiken Freundschaft, Trauer, Identitätssuche, Sexualität bzw. Homosexualität. Nach der Definition von Adoleszenztexten nach Carsten Gansel lassen sich wichtige typische Merkmale in Drvekars Roman ausmachen: „Die jugendlichen Hauptfiguren können in einer ‚existentiellen Erschütterung' oder einer ‚tiefgreifenden Identitätskrise' angetroffen werden", „Als Adoleszenztexte kennzeichnende Problembereiche gelten a) die Ablösung von den Eltern […]; c) das Erleben erster sexueller Kontakte; […] Dabei sind die Romane und Erzählungen oft durch ein offenes Ende gekennzeichnet, die Protagonisten bleiben auf der Suche".[1]

Drvenkar gibt Einblicke in die Gefühlswelten seiner jugendlichen Hauptfiguren: Zum Beispiel wird Alissa von ihrem Freund Simon betrogen, weiß ihrem Schmerz aber keinen Ausdruck zu verleihen und macht sich stattdessen selbst Vorwürfe, weil sie seine sexuellen Bedürfnisse nicht befriedigen konnte. Auch das schwierige Verhältnis zu ihrer Mutter wird thematisiert und schließlich wird der individuelle Umgang mit Trauer und Verlust zum zentralen Motiv der Geschichte.

4.4   Figurenkonzeption, Sprache und Erzählweise

Die Hauptfigur in „Sag mir, was du siehst" ist die sechzehnjährige Alissa, die als Ich-Erzählerin auftritt. Es werden jene Ereignisse zwischen Weihnachten und Neujahr stets in Chronologie erzählt, welche hauptsächlich sie erlebt oder von denen sie betroffen ist. Allerdings ist sie nicht die alleinige Erzählerin der Geschichte, vielmehr kommen in den verschiedenen Kapiteln

---

[1] Gansel 2010, S. 169

abwechselnd die jeweils beteiligten Figuren ihrerseits als Ich-Erzähler zu Wort, teilweise in Form von Gedanken- bzw. Bewusstseinsberichten.[2] Durch diese Art der internen Fokalisierung ist der Leser stets dicht am Geschehen und kann die Emotionen und Beweggründe, aber auch Missverständnisse zwischen den Charakteren nachvollziehen.[3] Diese Möglichkeit der Teilhabe wird auch durch die überwiegend zeitdeckende und chronologische Erzählweise Drvenkars unterstütz, Analepsen und Prolepsen bleiben aus.[4]

Wenngleich der Großteil der Geschichte aus Sicht der verschiedenen homodiegetischen Ich-Erzähler erzählt wird, wechselt die Stellung des Erzählers in einigen Kapiteln zum heterodiegetischen unbeteiligten Er-Erzähler, der jedoch weiterhin extradiegetisch auftritt.[5] Dieser Perspektivwechsel geschieht in jenen Kapiteln, in den eine Figur aus der von Alissa ersonnen Parallelwelt (dazu mehr im nachfolgenden Kapitel …) zu Wort kommt. In dieser Parallelwelt gibt es menschlich anmutende Wesen, die sich in der Regel unerkannt durch die real-fiktive Welt des Romans bewegen können und das Geschehen von außen her und betrachten. Entsprechend scheint der vom Autor vorgenommene Wechsel zur Heterodiegese in diesen Stellen logisch.

Ein weiteres Merkmal des Romans, das den Leser nah an die Figuren bringt, ist die verwendete Sprache. Die einzelnen Figuren erzählen in ihren jeweiligen Kapiteln mit unterschiedlichen Sprachstilen. Während Alissa teils in poetischen Phrasen wie „Es ist nicht einfach, sein Leben mit einem Toten zu teilen. Es ist aber um einiges besser, als jemanden zu vergessen und mit seinem eigenen Leben fortzufahren, als hätte es nur eine Werbepause gegeben und nichts weiter wäre geschehen." (S. 12) erzählt, klingt bei Simon umgangssprachliche Jugendsprache deutlich öfter durch: „Es gibt keinen besseren Weg, ein Mädchen zu vergessen, als mit einer anderen rumzumachen und sich zuzuknallen. Ich tu beides. Das nenne ich verdammt cool." (S. 98).

Zuletzt zu erwähnen sei Alissas Auftreten als zunehmend unzuverlässige Erzählerin. Per Unterscheidung von Typen unzuverlässigen Erzählens entspricht Alissa teilweise dem folgenden: „(a) *Der Wahnsinnige* meint zwar, die Wahrheit zu sagen, leidet aber unter einer psychotischen verzerrten Wirklichkeitswahrnehmung."[6] Spätestens im letzten Kapitel, wenn die tote Evelin gegenüber Alissa erklärt, dass sie das tote Kätzchen eigenhändig verscharrt hat, welches Alissa einige Tage zuvor nach Alissas eigener Schilderung wieder zum Leben erweckt hatte (vgl. Kap. 47), wird klar, dass die ihre Erzählungen in den vorangegangenen Kapiteln weilweise Wahnvorstellungen entsprungen sein müssen.

4.5 Darstellung von Tod und Trauer

Eine der zentralen Thematiken in „Sag mir, was du siehst", ist der Tod, Trauer und die individuelle Vorstellung von postmortaler Existenz. Alissa war schon im Kindesalter mit der dem tragischen Verlust ihres Vaters konfrontiert: „Und ich weiß noch genau, wie […] er die Straße überquerte. Dann kam ein Lastwagen, und ich habe alles gesehen." (S. 12). Alissa zeigt während der gesamten Geschichte Anzeichen von Trauer, auch wenn sich diese eher subtil bzw. psychosomatisch äußern: „Ein Jahr nach dem Tod ihres Vaters begann Alissa zu frieren. Mitten im Sommer." (S. 20); „Oft

---

2 Vgl. Martínez/Scheffel 2016, S. 67 – 71
4 Vgl. Martínez/Scheffel 2016, S. 33 – 50
5 Vgl. Martínez/Scheffel 2016, S. 79 – 94
6 Martínez/Scheffel 2016, S. 108 – 109

stelle ich mir einen Schalter vor, gegen den sie rein zufällig stößt. Von normal *klack* zu tiefster Melancholie *klack* wieder zurück zu normal." (S. 17).

Der Psychologe Hansjörg Znoj erklärt, dass sich Trauer somatisch u.a. in Schmerzen, motorischer Unruhe und Herzkreislaufstörungen äußern könne.[7] Trauer ginge aber über den Schmerz hinaus: „Ja, Trauer wird als Schmerz erlebt. Als eine seelisch-körperliche Traumatisierung, die nicht Halt macht beim Gefühl, sondern viel tiefer reicht, bis hin zum eigentlichen körperlichen Schmerz, der ähnlich erlebt wird wie eine massive Verletzung der körperlichen Integrität, wie eine Amputation eines Körperteils."[8] Alissas massive Bauchschmerzen in Kapitel 25 mögen demnach ebenfalls Ausdruck von Trauer sein: „Mein Blut kocht und der Schmerz in meinem Bauch ist mörderisch." (S. 146). Zwar liegt zum Zeitpunkt der Geschichte der Tod des Vaters bereits sechseinhalb Jahre zurück, dennoch scheint Alissa dieses Ereignis noch nicht richtig verarbeitet zu haben. Znoj spricht auch über die Dauer von Trauer: „Die Trauer dauert länger, als dies allgemein unter Laien und Fachpersonen angenommen wird. Im Gegensatz zur Auffassung, dass eine Trauer aufgelöst werden muss, [...] wird heute eher die Ansicht vertreten, dass das Erleben eines Verlustes in die persönliche Welt eingebaut werden soll"[9]

Alissa hat bereits ein grobes Konzept für ihren persönlichen Umgang mit dem Vaterverlust: „Eine Weile hatte ich das Gefühl, meinen Vater verloren zu haben. Das ist Ewigkeiten her. Ich weiß jetzt, dass mein Vater immer bei mir ist. [...] Und weil ich das weiß, verfluche ich heute Nacht diesen Winter und kämpfe mich durch dieses Schneetreiben." (S. 12) Offensichtlich sieht sich Alissa in diesem Konzept in einer gewissen Verantwortlichkeit ihrem Vater gegenüber, was u.a. den jährlichen Besuch des Grabs zu Weihnachten beinhaltet, selbst unter widrigsten Bedingungen. Später wird auch deutlich, dass sie diese Verantwortung nicht bloß bei sich selbst sieht, was im Falle der Beziehung zur Mutter zu Spannungen führt: *Alissa, ich glaube, du verzeihst deiner Mutter nicht, dass sie so früh nach dem Tod deines Vaters schwanger geworden ist."* (S. 157). Diese empfundene Verantwortung kann die Erklärung für Alissas Erfahrungen im fortschreitenden Verlauf der Handlung liefern. Demnach bedeutet die Tatsache, dass sie aufgrund des Schneesturms zunächst nicht in der Lage ist, ihrer Pflicht des weihnachtlichen Besuchs ihres Vaters nachzukommen, seelischen Stress im hohen Maße, was wiederum als Ausgangspunkt für Alissas Wahnvorstellungen gedeutet werden kann. Auch wenn sie es schließlich doch schafft („Alles ist gut, ich habe das Grab meines Vaters besucht. Ich habe mein Versprechen gehalten." (S. 39)) wird deutlich, dass ihre individuelle Todeskonzeption noch unvollständig ist und ihr eine angemessene Trauerbewältigung nicht möglich ist. Znoj äußert sich zum Trauerkonzept von Jugendlichen folgendermaßen: „Es steht außer Frage, dass die Erfahrungen von Verlust mit zunehmendem Alter vertraut sind, und es sind nicht nur die endgültigen Verluste durch den Tod von Angehörigen und Freunden, sondern auch Trennungen und die manchmal notwendige Aufgabe von Lebenszielen, die diese Erfahrung prägen."[10]

Alissas wahnhafte Erscheinungen von Elia und Aren, die für andere Menschen nur als Raben zu sehen sind, als Vertreter einer Art Parallelwelt, die das Geschehen in der realen Welt beobachten und teilweise wie Schutzengel eingreifen[11], mag eine Konstruktion ihrer Phantasie sein, aus der

---

[7] Vgl. Znoj 2012, S. 45
[8] Znoj 2012, S. 15
[9] Znoj 2012, S. 41
[10] Znoj 2012, S. 12
[11] Vgl. Strübe 2013, S. 22

sie Trost schöpft: *„Du hast von Engeln geträumt, Alissa. Du hast davon geträumt, einer von ihnen zu werden. [...] Denn vielleicht durfte man als Engel all die Toten aufsuchen. Dann könntest du deinen Vater überraschen, so vieles wäre möglich. Einfach alles. Einfach alles."* (S. 233). Thorsten Strübe erkennt im Rabenmotiv folgendes: „Zum anderen sind [die Raben] die geheimnisvollen Wesen in *Sag mir, was du siehst* für die Menschen nur in ihrer Verwandlungsform als Raben erkennbar. Wie oben angeführt, stellen diese geisterähnlichen Gestalten ein Bindeglied zwischen Leben und Tod dar, [...]".[12]

Am Ende des Romans gelangt Alissa schließlich zu einer neuen persönlichen Konzeption vom Tod. In ihrer Vorstellung unterhält sie sich mit Elia und Aren. Sie fordert von ihnen Hilfe, schließlich seien sie dafür verantwortlich, dass es ihr so schlecht geht (vgl. Kap. 35). Diese entgegnen jedoch, dass sie dies nicht könnten und es auch nicht ihre Pflicht sei: *„Das ist jetzt allein dein Problem, antwortet er, Am besten lernst du, damit zu leben."* (S. 233). Sofern man diesen Dialog als inneren mentalen Prozess versteht, kann man dies als Alissas Weg zu Akzeptanz und damit als Teil ihrer Trauerbewältigung verstehen. Znoj schreibt dazu: „Viele Trauernde haben Mühe, die Realität des Todes des geliebten Menschen zu akzeptieren; die Wirklichkeit erscheint wie ein schlechter Traum, aus dem man entfliehen möchte. Oft setzt eine Art Suche nach der verstorbenen Person ein, die mit Sinnestäuschungen einhergehen kann."[13]

Als schließlich Evelin am Ende des Romans stirbt, kann Alissa viel besser mit diesem Verlust umgehen: *„Es gibt keinen Grund, traurig zu sein, möchte ich ihm verraten"* (S. 264). In der Vorstellung, die Toten seien immer da und würden auf sie achtgeben, findet Alissa Trost.

4.6 Einordnung in den Kontext der Kinder- und Jungendliteratur

Das Motiv des Sterbens, der Trauer und der Postmortalität findet sich sehr oft in der zeitgenössischen Kinder- und Jugendliteratur. Zur Klärung der Frage, inwieweit sich der Roman „Sag mir, was du siehst" hinsichtlich der Darstellung dieses Themenkomplexes in den Kontext dieses Genres einreiht, lohnt der Blick auf andere populäre Beispiele, in denen der Tod und Trauer eine zentrale Rolle spielen.

Alina Gierke schreibt, Kinder- und Jugendliteratur helfe dem Kind bei der Entwicklung eines Todeskonzepts und dabei, Trauer zu bewältigen[14], wobei Astrid Lindgrens „Die Brüder Löwenherz" aus dem Jahr 1973 einen Meilenstein markiere. Dort werde das jenseitige Land Nangilima als der Ort beschrieben, an den die beiden Hauptfiguren Karl und Jonathan Löwe nach ihrem Tod gelangen und dort von Schmerzen und allen körperlichen Leiden befreit seien.[15]

Auch Tilman Spreckelsen stellt fest: „Verblüffend oft hat der Tod im Kinder- und Jugendbuch ein freundliches, tröstliches Gesicht."[16]. Und der Kulturanthropologe Norbert Fischer konstatiert: „[...] offensichtlich ist die Vorstellung nun mal tröstlich, dass es nach dem Tod etwas gibt."[17] Dies

---

[12] Strübe 2013, S. 22 – 23
[13] Znoj 2012, S. 97
[14] Vgl. Gierke 2012
[15] Vgl. ebd.
[16] Spreckelsen 2019
[17] Im Interview mit Gall 2018

mag eine Erklärung liefern, warum es in der der Kinder- und Jugendliteratur häufig eine Konzeption von einem Leben nach dem Tod bzw. postmortaler Existenzformen gibt.

Alina Gierke äußert sich zu diesem Punkt folgendermaßen: „Die Antworten, welche die Kinder- und Jugendliteratur auf die Fragen nach einer postmortalen Existenz zu geben versucht, sind nicht fest an die biblischen Vorstellungen vom Jüngsten Gericht und Himmel und Hölle gebunden. Vielmehr stützen sie sich auf individuelle Jenseits- und Paradiesvorstellungen. Häufig wird die Pluralität der Vorstellungen aufgezeigt, um zu einer eigenen individuellen Vorstellung von einem Dasein nach dem Tod anzuregen. Wiederholt wird die Idee des Weiterlebens des Verstorbenen in den Erinnerungen der Lebenden vermittelt.“[18]

Markwart Herzog hat sich mit der Frage beschäftigt, inwiefern J. K. Rowling in ihren Harry-Potter-Romanen Antworten auf die Frage nach einem Leben nach dem Tod gibt. Herzog stellt fest, dass Rowling zwar keine klaren Antworten auf diese Frage bereitstellt, in den Potter-Romanen würden aber Interpretationen geliefert, wie Todeserscheinungen zu verstehen seien, nämlich im Sinne eines rein intramentalen Subjektivismus. Der Tote sei ein Teil der Seelenwelt des Trauernden selbst und nur für ihn selbst sichtbar.[19]

Im Vergleich mit Zoran Drvenkars Roman „Sag mir, was du siehst" fällt auf, dass sich die Darstellung von Tod, Trauer und Postmortalität in vielerlei Hinsicht mit anderen Werken des Genres überkreuzt. Drvenkars Roman kann dem Leser dabei helfen, ein eigenes individuelles Konzept für den Tod zu entwickeln. Er gibt eine versöhnliche Idee vom Sterben als Erlösung, die den Verstorbenen eine postmortale Existenz einräumt, die sich, wie auch z.B. in den Harry-Potter-Romanen, durch einen intramentalen Subjektivismus auszeichnet.

4.7 Fazit

Zoran Drvenkar thematisiert in seinem Roman „Sag mir, was du siehst" als Beispiel für einen zeitgenössischen Adoleszenzroman den Tod und Verlust sowie die Trauerbewältigung eines Teenagers. Dabei sorgt er durch die sprachliche und erzählerische Gestaltung der Handlung und der Figuren für eine emotionale Nähe zu den verschiedenen Charakteren, vor allem, indem er sie abwechselnd als Ich-Erzähler zu Wort kommen lässt. In dieser Arbeit habe ich mich thematisch mit der Darstellung des Umgangs mit Trauer in „Sag mir, was du siehst" auseinandergesetzt und mich hierbei der Frage gewidmet, inwieweit sich Zoran Drvenkars Roman in Hinblick auf die Darstellung dieser Themenkomplexe in den Kontext zeitgenössischer Kinder- und Jugendliteratur einreiht.

Der Roman behandelt typische Themen von Jugendlichen wie Sexualität und Identitätsfindung und beschreibt den zunächst orientierungslosen Umgang der Hauptperson mit dem Verlust des Vaters einige Jahre zuvor. Hierbei spielen verschiedene Emotionen eine Rolle, u.a. Schuld- bzw. Pflichtgefühle. Im Lauf der Handlung gelangt sie schließlich zu einem reifen, tröstlichen Konzept vom Tod und findet Frieden.

Im Vergleich zu anderen populären Werken des Genres des Adoleszenzromans bzw. der Kinder- und Jugendliteratur im Allgemeinen wird deutlich, dass es viele Parallelen bei der Darstellung von

---

[18] Gierke 2012
[19] Vgl. Herzog 2011, S. 89 – 90

Trauerbewältigung und Postmortalität gibt. Dies zeigt sich in der Vermittlung einer positiven und versöhnlichen Jenseitsvorstellung, in der geliebte Verstorbene weiterhin eine Verbindung zu den Hinterbliebenen und andersherum haben. Der Roman unterscheidet sich auch darin nicht von Werken anderer Jugendbuchautoren, als dass er jungen Menschen eine Hilfestellung bei der Bewältigung von Verlusterfahrungen sowie der Entwicklung einer individuellen Todeskonzeption bieten möchte.

4.8   Literaturverzeichnis

Primärliteratur
- Drvenkar, Zoran: Sag mir, was du siehst. Hamburg: Carlsen 2002.

Sekundärliteratur
- Gansel, Carsten: Moderne Kinder- und Jugendliteratur. Vorschläge für einen konzeptionieren Unterricht. 7. Aufl. Berlin: Cornelsen 2010.
- Herzog, Markwart: Leben nach dem Tod? Anmerkungen zu einer offenen Frage in den Harry Potter-Romanen. In: Kinder- und Jugendliteraturforschung 2009/2010. Hrsg. von Bernd Dolle-Weinkauff und Carola Pohlmann. Frankfurt am Main: Peter Lang 2011. S. 83 – 92.
- Martínez, Matías/Scheffel, Michael: Einführung in die Erzähltheorie. 10. überarb. und akt. Aufl. München: C.H. Beck 2016.
- Strübe, Thorsten: Zoran Drvenkar – Einblicke in sein Werk. In: Zoran Drvenkar. Bielefelder Poet in Residence 2012. Hrsg. von Petra Josting. München: kopaed 2013. S. 15-30.
- Znoj, Hansjörg: Trauer und Trauerbewältigung. Psychologische Konzepte im Wandel. Stuttgart: Kohlhammer 2012.

Internetquellen
- Gall, Insa: Was kommt nach dem Tod?. Die 100 Fragen des Lebens. https://www.abendblatt.de/podcast/100_Fragen/article214268281/Was-kommt-nach-dem-Tod.html. (Veröffentlicht: 12.05.18; Zugriff: 09.05.2020).
- Gierke, Alina: Der Tod. http://www.kinderundjugendmedien.de/index.php/stoffe-und-motive/358-tod (Veröffentlicht: 15.07.2012; Zugriff: 09.05.2020).
- Spreckelsen, Tilman: Im Reich zwischen Leben und Tod. https://www.faz.net/aktuell/feuilleton/buecher/themen/jugendliteratur-vom-tod-vom-leben-und-vom-moment-dazwischen-16278253.html?printPagedArticle=true#pageIndex_2 (Aktualisiert: 13.07.2019; Zugriff: 09.05.2020).

BEI GRIN MACHT SICH IHR WISSEN BEZAHLT

- Wir veröffentlichen Ihre Hausarbeit,
  Bachelor- und Masterarbeit

- Ihr eigenes eBook und Buch -
  weltweit in allen wichtigen Shops

- Verdienen Sie an jedem Verkauf

Jetzt bei www.GRIN.com hochladen und kostenlos publizieren